Daniele Antonio Battaglia

Il Cavaliere dell'Amore

Commedia teatrale in atto unico

Prima Edizione

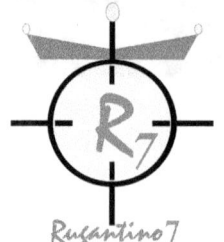
Rugantino 7

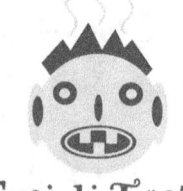
Fusi di Testa

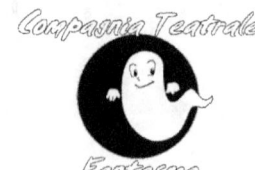
Compagnia Teatrale
Fantasma

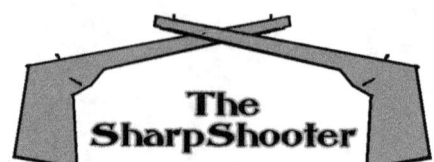
The SharpShooter

Daniele Battaglia
Posizione SIAE numero: 136806
Sezione O.L.A.F.
Membro Onorario dell'Unione Nazionale Scrittori e Artisti
© 2002 - 2023. Tutti i diritti sono riservati.
È vietata la riproduzione, anche parziale, senza il consenso dell'autore.

ISBN | 9798866284351

www.danielebattaglia.it
www.compagniafantasma.eu
www.thesharpshooter.eu
www.globalshow.net
www.gsradio.it
www.dabacademy.eu
www.parlarealmicrofono.cloud

Facebook:
www.facebook.com/danieleantoniobattaglia
www.facebook.com/compagniateatralefantasma
www.facebook.com/thesharpshootertheprofessionalkiller
Twitter:
www.twitter.com/rugantino7
Profilo autore Amazon:
https://www.amazon.com/Daniele-Antonio-Battaglia/

Il Cavaliere dell'Amore

Atto Unico

Ruoli:
Rosa
Francesca
Antonella
Maresciallo
Giacomo Battistelli
Michele
Sofia

Sinossi:

"Il Cavaliere dell'Amore" è una commedia teatrale in atto unico ambientata nel 1700 in una non ben precisata cittadina italiana, dove il giovane aristocratico Giacomo Battistelli conduce una vita spensierata con il diletto di sedurre le donne che incontra sul proprio cammino. Il vizio del Battistelli lo porterà a esagerare, spingendosi anche fin troppo oltre scatenando l'ira di tre giovani nobildonne che vogliono addirittura denunciarlo alla gendarmeria locale. Tra una ragazza e l'altra, Giacomo s'imbatterà nella semplice e forte Sofia che fa di tutto per resistere al fascino e alle adulazioni del giovane.

Scena 1:

Rosa: (Entra da destra e si ferma, urlando.) Impostore.

Francesca: (Entra da sinistra e si ferma, urlando). Falso.

Antonella: (Entra dal centro, se possibile, e si ferma, urlando). Spregevole.

(Le tre donne convergono al centro del palco, mantenendo le posizioni. Si pongono a mezza luna verso il pubblico. Parlando tra loro.)

3

Rosa: Mi ha sedotta!

Francesca: Mi ha abbandonata!

Antonella: Mi ha ingannata!

Francesca: Ma noi, non siamo le sole, anche altre donne son state prese in giro.

Antonella: È un insolente, un vigliacco.

Rosa: Approfittarsi così, di tre giovani dame come noi.

Antonella: Costui, non ha vergogna! Si diverte!

Francesca: Questa volta, non la passerà liscia.

Rosa: Pagherà per quello che ha fatto.

Antonella: Sì, deve passare il resto dei suoi giorni in cella.

Rosa: Deve soffrire.

Francesca: Penare.

Antonella: Chiedere perdono.

Scena 2:

Maresciallo: (Entra dalla sinistra, si avvia verso le donne e si ferma a metà strada. Per tutta la scena sopporta il dire delle giovani donne. Risoluto) Signorine… insomma, che cos'è tutto questo fracasso? Non è un comportamento consono ai vostri nomi. (Raggiunge le donne e si inserisce fra di loro).

Antonella: (Verso il pubblico). Siete arrivato finalmente.

Maresciallo: Ho fatto quanto prima mi sia stato possibile.

Rosa: Dovete agire subito.

Francesca: Senza perdere tempo.

Antonella: Lo dovete prendere prima che scappi.

Maresciallo: Ma chi? E che ha fatto soprattutto?

Antonella: Giacomo Battistelli!

Francesca: Ci ha disonorate!

Maresciallo: (Preoccupato) Volete dire che si è approfittato di voi?

Rosa: (Risoluta) Dico, per chi ci ha preso? Siamo delle giovani per bene, noi.

Maresciallo: Intendevo approfittato con la forza, contro il vostro volere.

Francesca: (Stizzita) No, nessuna di noi si è concessa a quel mentitore.

Maresciallo: Vi ha calunniato in pubblico?

Rosa: No, ci mancava solo quello.

Maresciallo: Vi ha derubato forse?

Antonella: Sì!

Maresciallo: E di che?

Rosa: Del nostro onore.

Maresciallo: Ma se avete appena detto che siete ancora tutte caste e pure.

Francesca: Verissimo, però ci ha ingannate.

Maresciallo: Scusate, ma non vi intendo. Di quale inganno parlate?

Rosa: Ci ha sedotte!

Francesca: Ci ha preso per i fondelli!

Antonella: Ha promesso di sposarci!

Maresciallo: (Meravigliato ma risoluto). A tutte e tre?

Le donne in coro: Sì!

Rosa: Ma non lo sapevamo…

Antonella: (Sconsolata). Poi, confidandoci l'una con l'altra, abbiamo scoperto che aveva fatto la stessa promessa a tutte.

Maresciallo: Signorine care, capisco che siete state ferite nei sentimenti, ma per una promessa di matrimonio…

Francesca: (Interrompendo) No una, tre Maresciallo, tre.

Maresciallo: (Spazientendosi) Va beh, per tre promesse di matrimonio non mantenute, non si può mandare un uomo in galera.

Rosa: Ma come no? Ci ha oltraggiate!

Maresciallo: Signorine, ve lo ripeto, Battistelli non può essere perseguito per aver promesso un matr...

Le donne in coro: (Interrompendo) Tre...

Maresciallo: (Interrompendo a sua volta. Stufo) Tre, tre matrimoni. Né se avesse promesso di convolare a nozze con altre 1000 donne; comunque, non potrebbe essere arrestato. A meno che...

Le donne in coro: (interrompendo)A meno che, che cosa?

Maresciallo: (Ancora più stufo) A meno che, non si fosse sposato più di una volta. In tal caso, lo potrei tradurre nelle carceri. (Le donne si disperano). Dunque, visto che la mia presenza qui non serve più, tolgo il disturbo. (Accenna il saluto militare, quando Francesca lo prende per il braccio).

Francesca: No, signor Maresciallo, non ve ne potete andare così. Fatevi spiegare i fatti, e vedrete che c'è di che incolparlo.

Antonella: E come se ce n'è.

Maresciallo: Signorine per piacere...

Francesca: (Interrompendo) Ci dovete dare soddisfazione!

Maresciallo: (Stufo ma accondiscendente). D'accordo, sentiamo pure codesti fatti.

Rosa: Posso cominciare io?

Maresciallo: Prego.

Scena 3: (Rosa resta al centro del palco, mentre gli altri si discostano un po' a sinistra).

Rosa: (Verso il pubblico). Ieri, di buon mattino, mi recai al parco per fare una passeggiata, poi come sono solita fare, mi soffermai a guardare le siepi e i fiori, quando all'improvviso sentì dei passi dietro di me. (Entra Giacomo, come descritto da Rosa, e le si avvicina restando dietro di lei. Da ora la scena si svolge come se fosse in diretta. Rosa fa come per guardare chi c'è dietro di lei, ma senza muovere il capo per non farsi accorgere).

Giacomo: (Con voce calda. Guardando Rosa) Non sono forse un meraviglioso incanto della natura?

Rosa: (Come se guardasse i ori). Cosa? Se mi è lecito chiedere?

Giacomo: I fiori. Non trovate?

Rosa: (Si sposta a destra come per guardare qualcosa d'altro, dando sempre le spalle a Giacomo). Avete ragione... e delle siepi, così ben potate, che ne pensate?

Giacomo: (Si riavvicina a Rosa). La medesima cosa, ma... anche voi...

Rosa: (Perplessa) Anch'io... cosa?

Giacomo: Un incanto della natura.

Rosa: (Accenna un sorriso. Civettando) Così... (Si risposta verso sinistra) mi fate arrossire.

Giacomo: Perché mai? (Le si riavvicina) Non sarò di certo il primo uomo che elogia la sua bellezza! (Rosa sorride ancora) E poi, la verità non deve mai far vergognare... soprattutto quando è una verità così bella. (Le prende le braccia con dolcezza. Rosa si emoziona) Come vi chiamate?

Rosa: (Allunga la mano in avanti come per cogliere un fiore) Come questo fiore.

Giacomo: Rosa dunque. (Si accosta alla destra di Rosa. Cambia tono) Per questo il vostro profumo è così apprezzabile. Guardatemi. (Le volta, verso di sé, il viso) Siete di certo, il fiore più bello di questo giardino.

Rosa: (Sognante) Solo di questo giardino?

Giacomo: Sì, se come giardino consideriamo la vita intera.

Rosa: Qual è il vostro nome?

Giacomo: Giacomo, per servirvi.

Rosa: Siete tanto caro Giacomo. (Mentre parla, gli accarezza il viso con una mano, poi questa viene presa da Giacomo che la bacia)

Giacomo: Voi, siete cara.

Rosa: Quello che ho di fronte, è un uomo da sposare.

Giacomo: Lo stesso si dica della donna a cui stringo la mano.

Rosa: Quindi…

Giacomo: Perché no? (Le ribacia la mano ed esce da destra)

(Rosa segue per un attimo Giacomo con lo sguardo e una volta uscito, si volta nuovamente verso il pubblico e fa un sospiro)

Scena 4: (Il Maresciallo, Antonella e Francesca si riavvicinano a Rosa)

Rosa: (Guardando ancora verso il pubblico e ancora sognante) Avete sentito?

Maresciallo: (A mo di rimprovero) Signorina Rosa.

Rosa: (Si volta verso il Maresciallo) Ho o non ho ragione?

Maresciallo: (Più accentuato) Signorina Rosa.

Rosa: Perché questo tono di voce? Forse non mi crede? Eppure ha sentito, ho raccontato tutta la verità!

Maresciallo: Non oso dire il contrario.

Francesca: (Cercando di abbreviare la discussione) Su, su, ora tocca a me raccontare l'accaduto. Di questo non potrà dubitare.

Maresciallo: (Annoiato) Esponga pure.

Scena 5: (Francesca resta al centro del palco, mentre gli altri si discostano un po' a sinistra)

Francesca: (Rivolgendosi al pubblico) Tutto è successo ieri pomeriggio, quando stavo aspettando mio zio, il barone Panelli, in piazza Italia, per andare a far visita ai conti Bramieri.

(Da ora la scena si svolge come se stesse accadendo al momento. Giacomo entra da destra passeggiando, disinvolto e si accosta a Francesca. Lei, senza voltarsi, con la coda dell'occhio, tenta di capire chi gli si sia avvicinato)

Giacomo: (Come se guardasse il cielo) Bella giornata, (Si volta verso Francesca) vero?

Francesca: (Intimidita, guardando in basso a sinistra) Sì, molto bella!

Giacomo: Se non sono indiscreto; venite spesso in piazza ad ammirare lo scorrer delle ore?

Francesca: No, quasi mai.

Giacomo: (Si sposta alla sinistra di Francesca e lei volge lo sguardo a destra, sempre in basso) È stato forse il sole a convincervi a mostrare il vostro lucente viso oggi? Devo dunque a lui il piacere di avervi incontrata? O aspettate qualcuno?

Francesca: Mio zio, aspetto mio zio, il barone Panelli. Comunque voi, mi lusingate troppo.

Giacomo: Dico solo quel che vedo. (Si ripone a destra e Francesca ricambia la direzione dello sguardo) Perché non mi guardate? Se vi disturbo, vado via.

Francesca: (Gira di scatto il volto verso Giacomo) No, restate ve ne prego. (Rivolge lo sguardo di nuovo a sinistra verso il basso. Timida) Mi piace la vostra compagnia.

Giacomo: Siete una ragazza molto dolce, sapete?

Francesca: (Fa uno o due passi a sinistra o in avanti. Sempre guardando in basso, si volta a destra) Siete molto cortese a farmi questi complimenti.

Giacomo: (Si riavvicina) Velo ripeto, dico solo quel che vedo. Scusate l'ardire, ma come vi chiamate?

Francesca: (Guardando sempre in basso) Francesca. (Dolce) E il vostro nome, qual è? Non me lo avete ancora proferito.

Giacomo: (Le si pone a fianco, sempre a destra) Scusatemi, avete ragione. Sono imperdonabile. Mi chiamo Giacomo Battistelli e sono onorato di conoscere una creatura delicata come voi.

Francesca: (Si pone a destra di Giacomo e lo guarda) Che donna fortunata deve essere vostra moglie.

Giacomo: Ma io… (Le prende una mano e Francesca volge lo sguardo alle loro mani) non ho moglie, (Francesca rialza lo sguardo verso Giacomo) né fidanzata.

Francesca: È dunque lecito sognare, per una giovane donna, (Rivolge lo sguardo a destra in basso) di potervi sposare un giorno?

Giacomo: (Si pone alla destra si Francesca e questa rialza lo sguardo per guardarlo. Le riprende una mano) Sì, è lecito! (Le bacia la mano ed esce da destra. Lei chiude gli occhi per qualche istante)

Francesca: (Verso il pubblico) Che uomo soave.

Scena 6: (Le tre donne e il Maresciallo riguadagnano il centro).

Francesca: (Al Maresciallo) Che ne dite Signor Maresciallo? Mi sembra molto evidente che anche a me, ha promesso di impegnarsi.

Maresciallo: Per dire la verità…

Francesca: Asserite che io abbia mentito?

Maresciallo: Mene guarderei bene, però in base ai fatti non mi sembra che si possa incriminare.

Francesca: Come no? Mi ha sedotta per divertimento, come ha fatto con loro due. Solo per prendersi giuoco di noi. (Accenna a una crisi di pianto)

(Il Maresciallo si spazientisce sempre di più. Intanto Antonella e Rosa si avvicinano a Francesca per consolarla)

Antonella: Ecco, vede Maresciallo? Che cosa ha combinato quell'impostore?

Maresciallo: Sentite, io capisco che…

Antonella: (Interrompendo, continuando a consolare Francesca) Adesso capirà ancora meglio; Non appena avrà ascoltato la mia storia.

Maresciallo: (Rassegnato) Avanti, l'ascolto.

Scena 7: (Antonella resta al centro del palco, mentre gli altri si discostano un po' a sinistra)

Antonella: (Verso il pubblico) Stavo camminando per il lungo mare, verso sera, al tramonto per la precisione; e colpita dal tramonto stesso, mi fermai ad ammirarlo. (Si pone come se guardasse il tramonto)

(Da ora la scena si svolge come se stesse accadendo al momento. Giacomo entra da destra passeggiando, disinvolto e si mette a debita distanza da Antonella, a sinistra, anche lui come se guardasse all'orizzonte)

Giacomo: Un tramonto così, non può ispirare che i più nobili e sani sentimenti dell'anima.

(Non appena Giacomo si è messo a parlare, Antonella si è voltata verso di lui)
Antonella: (A Giacomo) Voi dite?

Giacomo: (Sempre verso il pubblico) Certamente! (Verso Antonella che si avvicina) Voi, forse, non ne convenite?

Antonella: No, no, tutt'altro... ne convengo. È difficile trovare un uomo con idee tanto profonde.

Giacomo: (Verso l'orizzonte) Siete troppo gentile. (Verso Antonella) Venite spesso qui?

Antonella: (Verso l'orizzonte. Con aria di sufficienza) Ogni tanto. Sa, per una signorina non è molto conveniente camminare da sola al crepuscolo.

Giacomo: (Verso Antonella, stuzzicante) Volete farmi credere che una ragazza con i vostri, occhi non ha ancora trovato marito che si accompagni a lei?

15

Antonella: (Verso l'orizzonte, sconsolata) Ai me, purtroppo è così. (Si sposta alla sinistra di Giacomo)

Giacomo: (Verso l'orizzonte) Di certo, avrete un fidanzato.

Antonella: (Come sopra) Nemmeno quello.

Giacomo: (Verso Antonella) Non mi verrete a dire che non c'è nemmeno uno spasimante, perché altrimenti potrei pensare che vi burlate di me.

Antonella: (Come sopra) No, quelli ci sono, ma purtroppo, non hanno spina dorsale, né cervello. (Verso Giacomo) Se poi vogliamo trovarci anche dei sentimenti, come quelli che avete esternato voi poc'anzi, beh c'è da attendere un'eternità.

Giacomo: (Come sopra) Siete difficile da conquistare.

Antonella: (Verso l'orizzonte) Eppur penso che voi, ne sareste in grado. (Volta lo sguardo malizioso verso Giacomo)

Giacomo: (Come sopra) Mi rallegra sapere che una donna di tal evidente beltà, (Verso l'orizzonte) tenga la mia persona in così alto conto.

Antonella: (Passa alla destra di Giacomo) Insomma caro signore, si nota che voi avete qualcosa in più rispetto agli altri. (Si rivolta verso Giacomo)

Giacomo: (Verso Antonella) E io non posso che rispondere che con le vostre stesse parole. Anche voi, spiccate tra le altre. (Si avvicina dolcemente) Se volete, mi posso unire al gruppo dei vostri spasimanti.

Antonella: (Verso Giacomo) Lo fareste sul serio?

Giacomo: Sì!

Antonella: (Come sopra) Ne sarei felice. (Verso il pubblico. Una piccola risata) Poveracci, non vedo proprio come potrebbero competere con voi.

Giacomo: (Delicato, verso Antonella) Beh, (Le prende la mano) effettivamente, se godo proprio tanto dei favori della corteggiata, non vedo proprio come possa perdere. (Le bacia la mano)

Antonella: (Emozionata, verso Giacomo) È quello che dico anche io. Ma facciamo le cose per come vuole il galateo. Dobbiamo presentarci. Io sono Antonella Magnani, figlia del duca Magnani, e voi?

Giacomo: Giacomo, Giacomo Battistelli, Marchese di Tremonti.

Antonella: (Compiaciuta) Il famoso Cavaliere dell'amore. (si volta verso l'orizzonte. Malinconica) Il tramonto sta ormai per concludersi, e meglio che io vada a casa.

Giacomo: (Verso Antonella) Vi accompagno.

Antonella: (Verso Giacomo) No grazie, (Indica da qualche parte con il viso) La carrozza mi attende, e poi, la nostra posizione, non è ancora ben definita.

Giacomo: Avete ragione.

Antonella: (Verso l'orizzonte, sognante) Potrei stare con voi tutta la vita. (Si volta verso Giacomo)

Giacomo: Lo stesso vale per me. (Le ribacia la mano, fa qualche passo all'indietro ed esce a sinistra, mentre Antonella si volta per seguirlo con lo sguardo, poi gira il capo verso il pubblico, ma guardando in alto)

Scena 8: (Le tre donne e il Maresciallo riguadagnano il centro)

Antonella: (Al Maresciallo) Credo che a me, non abbiate nulla da obbiettare. Sono evidenti le promesse del Marchese.

Rosa: (Al Maresciallo) Avete sentito, come ha ingannato pure lei?

Francesca: (Al Maresciallo) Il fatto è evidente!

Maresciallo: (Annoiato, ad Antonella) Signorina, per dire la verità, non mi è parso che le abbia proferito verbo con tono di promessa.

Antonella: Ma lo ha lasciato intendere chiaramente.

Maresciallo: (A tutte e tre) Appunto, lo ha lasciato intendere, quindi, non si può essere sicuri delle intenzioni del Marchese Battistelli, nei vostri confronti. Questo vale per tutte e tre. (Le tre donne si offendono)

Francesca: Dunque costui, la farà franca.

Rosa: Non sarà incriminato.

Maresciallo: (Seccato) Ascoltatemi! L'unico atto, che possiate fare contro il Battistelli è un esposto, affinché non vi importuni più, anche se mi è sembrato che la sua corte... vi era al quanto gradita.

Antonella: (Verso il Maresciallo) Come si permette?

Maresciallo: Eravate tutte pronte a sposarvi con lui?

Le donne in coro: Sì!

Maresciallo: Allora vuol dire che la persona del Battistelli, la ritenevate giusta per ognuna di voi. Perché, non si è pronti a sposare un individuo di propria spontanea volontà, se non piace. (Le donne si offendono di nuovo) Comunque, il Marchese, lo dovreste conoscere, lo sanno tutti che è un Casanova, d'altronde, si chiama come lui, Giacomo, (Ad Antonella) e poi, lei stessa lo ha chiamato con il suo soprannome, cavaliere dell'amore. (Più seccato) Allora, questo esposto lo volete fare? Sì o no?

Le donne in coro: Sì!

Antonella: Visto che è l'unica arma che ci lasciate per difenderci.

Maresciallo: (Fa un gesto di disperazione) Allora seguitemi in questura, così, sbrighiamo tutto il da farsi. La mia carrozza è qui fuori. (Indica verso sinistra, indietro con riverenza) Dopo di voi.

(Le donne escono da sinistra e il Maresciallo le segue)

Scena 9: (Giacomo entra da destra, passeggiando e si posiziona al centro del palco. Una volta lì, controlla l'ora)

Michele: (Entra da sinistra, di fretta. Con soddisfazione di chi cerca da ore) Giacomo, sei qua! (Ancora di fretta, raggiunge l'amico)

Giacomo: (Disinvolto, verso il pubblico) Non ti preoccupare, sono arrivato solo un attimo fa.

Michele: (Verso Giacomo. Con enfasi) Ma come fai a stare così tranquillo?

Giacomo: (Come sopra) Perché, (Verso Michele) non dovrei?

Michele: (Come sopra) Non hai sentito tutto il putiferio che hanno scatenato quelle tre?

Giacomo: (Verso Michele) Di chi parli scusa?

Michele: Delle tre signorine dell'alta società che ti sei divertito a sedurre ieri.

Giacomo: (Sorridendo) Ah sì, ora ricordo. Belle dame sai?

Michele: (Verso Giacomo, un po' arrabbiato) Guarda che. quelle "belle dame", vanno a dire in giro, che hai promesso di sposarle tutte.

Giacomo: (Voltandosi verso il pubblico. Sorridendo) Farneticano.

Michele: (Come sopra) Ma loro lo affermano.

Giacomo: (Verso Michele, mettendogli una mano sulla spalla. Calmo e divertito) Ascolta, tu, caro Michele, mi conosci bene! Lo sai che non prometterei mai a una donna di sposarla… almeno, per il momento.

Figurati se io possa aver mai pronunciato tale promessa... addirittura tre volte... e nella stessa giornata poi. (Ritira la mano)

Michele: (Preoccupato) Sì, questo è vero! Però, lo è anche che tu rischi troppo a corteggiare tutte queste donne.

Giacomo: (Tranquillo) Mi piace, mi diverto. E poi, in fin dei conti, anche a loro piace essere corteggiate. (Vantandosi) Oltre che marchese, sono il cavaliere dell'amore, tutti lo dicono. Come faccio sentire le donne io, non le fa sentire nessuno.

Michele: (Come sopra) Si dice, che queste tre, ti vogliano denunciare, (Sarcastico) caro "cavaliere".

Giacomo: (Verso Giacomo, un po' preoccupato ma con contegno) Possono?

Michele: Tecnicamente no, però...

Giacomo: Allora, stai tranquillo.

Michele: (Arrabbiato) Io, devo stare tranquillo, (Verso il pubblico) no lui, io.

Giacomo: Ma sei tu quello agitato.

Michele: (Verso Giacomo, compassionevole) Certo, per me sei come un fratello e mi preoccupo, (Verso il pubblico, seccato) visto che tu non lo fai. Di problemi con le donne ne hai già avuti, forse pure troppi. E se alla fine trovassero un modo per denunciarti?

Giacomo: (Verso Michele, tranquillo, quasi sorridente) Sei avvocato?

Michele: (Come se non capisse) Sì!

Giacomo: E allora difendimi.

Michele: (Verso Giacomo, fa un'espressione facciale di disapprovazione. Poi irritato) La fai facile tu. La questione non è tanto inerente a quelle tre, o alle altre disavventure a cui sei andato incontro per correre dietro a una gonna, ma a quello che, prima o poi, ti potrebbe capitare. Ti potresti mettere in guai più seri di quello che sono delle finte promesse di matrimonio.

Giacomo: Fino ad ora, me la sono sempre cavata no?

(Michele fa ancora un'espressione di disapprovazione)

Giacomo: (Rimette la mano sulla spalla dell'amico, quasi a rincuorarlo. Tranquillo) E su Michele, lasciami vivere.

Michele: (Verso Giacomo. Arrendevole) E tu, Giacomo, quando lascerai vivere me?

(Giacomo accenna un sorriso)

Scena 10: (Sofia entra in scena dalla sinistra, attraversa tutto il palco, passa davanti a Giacomo e Michele, si ferma sul lato destro. Giacomo e Michele smettono di parlare, mentre il primo guarda estasiato Sofia, una volta passatagli davanti. Sofia sta per i fatti suoi senza badare agli altri, come se aspettasse qualcuno)

Michele: (A Giacomo) Bella vero?

Giacomo: (Guardando Sofia, sempre estasiato) Bella, è dir poco. Come si chiama?

Michele: Non lo so. Comunque torniamo a noi... Pensiamo a risolvere questo problema...

Giacomo: (Disinteressandosi di Michele) Sì, sì hai ragione...(facendogli cenno con la mano di andarsene) ci vediamo dopo, ciao.

Michele: (Spazientito) Ma come? Che dici? (Osserva Giacomo) Mi dai retta? (Osserva attentamente Giacomo e controlla dove stia guardando) Non mi dire che... (Disperato) Pure con questa ci devi provare? (Si avvia verso l'uscita a sinistra, sconsolato, si ferma un momento, verso Giacomo) Non ti è servito da lezione quello che hanno intenzione di farti quelle tre? Poi non ti lamentare quando ti capitano tutti quei guai, perché te li cerchi! (Esce)

Giacomo: (Esce dal taschino un fazzoletto bianco, a Sofia) Signorina!

Sofia: (Si volta verso Giacomo) Sì!

Giacomo: (Si avvicina a Sofia sul lato sinistro e le porge il fazzoletto) Le è caduto il fazzoletto!

Sofia: (Prende il fazzoletto) Ma questo non è mio! (Lo rende a Giacomo e guadagna il centro del palco)

Giacomo: (Non appena Sofia si ferma, la raggiunge restando sulla destra) Avete ragione! Scusate. (Mostra il fazzoletto) Questo fazzoletto, era solo un pretesto per potervi rivolgere la parola. (Ripone il fazzoletto nel taschino)

Sofia: (Offesa, guardando verso sinistra) Chi pensate che io sia?

Giacomo: Una dea, che ha preso sembianze umane per ammaliarmi!

Sofia: (Sempre offesa, verso Giacomo) Come vi permettete?

Giacomo: Non fraintendetemi, non volevo essere scortese nei vostri confronti. Scusate! Se mi è lecito chiedere; come vi chiamate?

Sofia: (Verso Giacomo) Sofia! (Verso l'altro lato) E voi?

Giacomo: Giacomo!

Sofia: (Verso Giacomo) Giacomo Battistelli?

Giacomo: Sì, per servirvi!

Sofia: (Verso sinistra) Ho sentito molto parlare di voi.

Giacomo: (Accenna un sorriso) Spero bene.

Sofia: (Sempre a sinistra) Male invece.

Giacomo: Non date retta alle dicerie della gente.

Sofia: (Verso Giacomo) Si dice che voi facciate il cascamorto con tutte le donne della città.

Giacomo: (Un po' più risoluto) È vero, ma perché prima d'oggi non ho mai incontrato quella giusta. Ora però, la mia ricerca è terminata!

Sofia: (Ironica) E chi sarebbe la fortunata?

Giacomo: Voi! (Le prende una mano e lei lo guarda)

Sofia: (Confusa, si volta a sinistra) Non prendetevi gioco di me.

Giacomo: (Dolce) Non lo farei mai.

Sofia: (Si allontana verso sinistra) Lo fate con tutte, perché non dovreste farlo anche con me?

Giacomo: Perché vi amo. Avete acceso il fuoco dell'amore nel mio cuore

Sofia: (Verso Giacomo) Non scherzate con i miei sentimenti, io, sono sensibile.

Giacomo: (Si avvicina) Non avrei ragione di farlo. Siete la donna che ho sempre cercato.

Sofia: Come fate a saperlo?

Giacomo: (Sempre dolce) Lo so è basta.

Sofia: (Si volta a sinistra) Mi dispiace, ma non posso avere fiducia in voi.

Giacomo: (Intristito, fa un passo indietro) Se non potete avere fiducia in me, non mi potete amare!

Sofia: Sì!

Giacomo: Se non mi potete amare, (Si volta a destra) non posso vivere! (Guadagna il centro del palco) Vorrà dire che la vostra fulgida immagine, sarà l'ultima cosa che i miei occhi hanno visto.

Sofia: (Verso Giacomo, impaurita) Che dite?

Giacomo: (Estrae una pistola) La mia vita finisce qui. (Se la punta alla tempia destra)

Sofia: (Preoccupata, si precipita verso Giacomo e lo abbraccia) Non fatelo.

Giacomo: (Guardando sempre verso destra) Questo abbraccio è la cosa più cara che porterò con me in Paradiso.

Sofia: (Quasi piangendo) Vi scongiuro, non lo fate.

Giacomo: Perché non dovrei? La mia vita non è niente senza di voi.

Sofia: Perché voi, (Alza lo sguardo) non mi siete indifferente.

Giacomo: (Si volta verso Sofia) Davvero?

Sofia: (Abbassa lo sguardo) Sì!

Giacomo: (Le prende il mento con una mano e le solleva il capo per guardarla negli occhi) Volete sposarmi?

Sofia: Non scherzate con i miei sentimenti, velo ripeto.

Giacomo: (Le prende le mani) Come potrei burlarmi di voi? Di questi occhi che sono limpidi come il cielo. Prendervi in giro sarebbe il più terribile dei delitti.

Sofia: Non so cosa rispondervi. Siete arrivato come un fulmine a ciel sereno, così all'improvviso.

Giacomo: Non lo avete fatto forse anche voi?

Sofia: Cosa?

Giacomo: Siete arrivata all'improvviso... e quando lo avete fatto, vi siete presa il mio cuore e la mia anima per portarli via con voi.

Sofia: (Esitante) Ma, in fin dei conti non vi conosco. Ci parliamo da pochi minuti.

Giacomo: Che importa il tempo? Quando l'amore arriva, va contro ogni legge e logica, ed è inutile tentare di capirlo. Ormai, non posso appartenere che a voi, solo a voi. Ve lo ripeto, la mia anima, e il mio cuore, sono vostri.

Sofia: Dunque, siete sincero.

Giacomo: Certamente.

Sofia: Allora che sia fatto come i nostri cuori desiderano.

Giacomo: Vi amo Sofia!

Sofia: Anche io vi amo Giacomo, non so perché, ma vi amo.

Giacomo: (Riprende il fazzoletto dal taschino) Prendete questo fazzoletto come pegno del mio amore e della promessa che ci siamo appena fatti.

Sofia: (Si toglie il foulard e lo annoda al polso destro di Giacomo) Lasciate che anch'io vi doni qualcosa. (Dopo aver finito con il foulard) Devo andare ora.

Giacomo: Quando vi rivedrò?

Sofia: Dopodomani mattina, in questo stesso luogo, alle dieci in punto.

Giacomo: Non mancherò.

(Sofia si allontana piano, piano verso l'uscita di destra guardando l'amato, ed esce.)

Giacomo l'ha seguita con lo sguardo e non appena è uscita, ha avvicinato il polso con il foulard al viso per sentirne l'odore, poi esce a sinistra)

Scena 11: (Il Maresciallo entra da sinistra e si posiziona al centro, poi entra anche Michele da destra un po' affannato e lo raggiunge)

Michele: (Tende la mano per salutare) Buon giorno Signor Maresciallo, scusi il ritardo.

Maresciallo: Buon giorno.

Michele: (Un po' impacciato, verso il maresciallo, per tutta la scena) Lasci che mi presenti: Sono l'avvocato Michele Nervi, legale del Marchese Battistelli.

Maresciallo: (Verso Michele) Ah, bene.

Michele: Il mio assistito ha ricevuto una diffida e ha mandato me per rappresentarlo.

Maresciallo: Ascolti avvocato, non c'è niente di cui preoccuparsi…

(Michele Fa un sospiro di sollievo)

Maresciallo: …queste sono bazzecole, le tre gentil donne che hanno fatto l'esposto mi hanno raccontato i fatti… e sinceramente non mi sembra che il Marchese abbia violato la legge. Questo però deve restare tra noi.

Michele: Certamente Signor Maresciallo.

Maresciallo: Solo che, deve fare attenzione. Il Marchese, lo conosco…

Michele: Sì, me lo ha detto!

Maresciallo: …e so che ha questa passione sfrenata per le donne, però non gli può andare sempre bene, rischia, rischia troppo.

Michele: So anche questo Signor Maresciallo e non sa quante volte lo messo in guardia anche io, ma lui, niente, non ascolta.

Maresciallo: È un giovane intelligente e testardo al tempo stesso. Comunque… le ripeto, la diffida non è niente di grave, deve solo evitare d'importunare, nuovamente in futuro, le tre signorine.

Michele: Glielo riferirò, non dubiti.

Maresciallo: Io non dubito di lei, ma di lui! È come dire a un pesce che deve viver fuor d'acqua.

Michele: Purtroppo è vero.

Maresciallo: Ascolti, non è per mala fede nei suoi confronti, ma ho promesso che avrei parlato di persona con il Marchese.

Michele: Sì, certo, capisco! Penso di sapere dove sia ora, vuole che l'accompagni.

Maresciallo: Sì, grazie. (Fa segno con le mani) Prego, dopo di lei.

Michele: Grazie.

(I due si avviano verso destra ed escono)

Scena 12: (Sofia entra da sinistra e si posizione a destra ad aspettare, ansiosa. Giacomo entra da destra si avvia verso sinistra, poi si accorge di Sofia e si ferma)

Giacomo: (Verso Sofia. La chiama) Sofia. (Si avvia per raggiungerla)

Sofia: (Si volta verso Giacomo, emozionata) Giacomo, siete venuto.

(Una volta vicini si prendono per mano e si guardano negli occhi, restando di profilo al pubblico)

Giacomo: (Dolce, portandosi le mani di lei al petto) Dubitavate?

Sofia: (Dolce) No, dubitare no... però avevo paura, quella paura che si ha per ogni sciocchezza quando si è innamorati. Ma adesso siete qui e sono felice.

Giacomo: Probabilmente la gente, non può capire cosa significa, ricevere un fulmine all'improvviso che ti cattura il cuore. Però, non mi interessa... e il mio cuore, da voi, non si vuole liberare.

Sofia: Tutti in città, vi dipingono come un impenitente, e io stessa, quando avant'ieri vi siete presentato, l'ho pensato; poi però, non so come, mi avete conquistata. A casa, ho ripensato molto a quel che ci è accaduto, e a un certo punto, la ragione ha dovuto lasciare il posto al cuore e non ho fatto più resistenza al vostro pensiero.

Giacomo: Capisco le vostre perplessità e non posso negare il mio passato. Ho navigato per tanti mari e molti porti mi hanno visto, troppi forse. Probabilmente perché a nessuno di essi ero realmente interessato. Ora invece, è diverso, sono sicuro, che il mio vagare, è finito.

(Da sinistra entrano Michele e il Maresciallo, nel rispettivo ordine)

Michele: (Vede Giacomo, poi al Maresciallo) Eccolo là. (Si fermano) Giacomo!

(Giacomo e Sofia si voltano verso Michele e il Maresciallo, le loro mani si lasciano)

Giacomo: (Un po' sorpreso) Oh, Michele. (Fa un cenno di saluto col capo al Maresciallo) Maresciallo.

Maresciallo: Gentilmente Marchese, dovrei proferire con lei.

Sofia: (Si turba, a Giacomo) Che succede? Ci sono dei problemi?

Giacomo: (Verso Sofia, tranquillizzandola. Le riprende la mano) Non vi preoccupate, sarà questione di un attimo vedrete. (Si avvicina a Michele e al Maresciallo che gli vanno incontro, ritrovandolo al centro del palco, ma indietro rispetto a Sofia) Ditemi, sono a vostra completa disposizione.

Maresciallo: (Capisce la situazione, e gli parla a bassa voce) Vedete caro Giacomo, quelle tre giovai, che avete incontrato l' altro giorno, vi hanno diffidato dall'avvicinarvi ancora a loro.

Giacomo: Non si preoccupi, non c'è pericolo di sorta. Ho messo la testa a posto. (Si volta verso Sofia che è voltata da un'altra parte, impaziente)

Maresciallo: (Con fare paterno) Me lo auguro. Altrimenti l'avvocato dovrà venire da me molte e molte volte.

(I tre uomini si lasciano andare in una risata)

Giacomo: (Al Maresciallo) La ringrazio tantissimo per la sua discrezione. Se non le dispiace, posso andare ora?

Maresciallo: Vada, vada. (A Michele) Anche lei Avvocato.

Michele: (Con gesto di riverenza) Grazie!

(Mentre i tre uomini si stanno per congedare entrano, urlando contro Giacomo, da sinistra Antonella, Rosa e Francesca. Sofia si volta verso il fracasso)

Le tre donne: (Insieme, confusamente) Eccolo.--- Impostore! --- Vigliacco! --- Falso! --- (ecc. a piacimento)

(Una volta arrivate dai tre uomini, si spostano tutti un po' verso sinistra. Si dispongono come vogliono)

Rosa: (Continuando a urlare) Ingannatore!

Francesca: Giuda!

Maresciallo: (Cerca di calmare gli animi) Signorine, un po' di contegno.

Antonella: Falso! (Verso Il Maresciallo) Allora Signor Maresciallo, glielo avete detto?

Sofia: (Verso il gruppo) Che cosa?

Francesca: (Verso Giacomo) Che non si deve più avvicinare a noi!

Rosa: (Verso Giacomo) Che ci deve lasciare in pace.

Antonella: (Verso Sofia) Che siamo tutte e tre profondamente offese dalla falsa, ingannevole triplice promessa di matrimonio che ci ha fatto ieri l'altro. (Giacomo tenta di parlare ma non glielo permettono)

Francesca: (Verso Giacomo, gli si avvicina minacciosa) Pensavate che fossimo tanto sciocche? Che ci potevate prendere in giro così... tre amiche, tre sorelle. (Fa il gesto del tre con la mano in faccia a Giacomo)

Sofia: (Turbata) Come sposarvi?

Rosa: Sì! Il caro marchese, o cavaliere dell'amore, come si fa chiamare lui, lo ha promesso a tutte e tre! (Sofia si turba ulteriormente)

Giacomo: Signorine, voi mi avrete frainteso. (Verso Sofia) Sofia vi posso...

Sofia: (Interrompe piangendo) No, non dite nulla. Per una volta, avevo voluto donarmi un sogno. Abbandonarmi all'istinto del cuore. Ho sbagliato! (Scappa verso destra piangendo ed esce buttando via il fazzoletto che Giacomo le aveva regalato)

Giacomo: (Cerca di fermare Sofia, ma invano) Aspettate no...(Una volta che Sofia è uscita. Molto triste, quasi a bassa voce) non andate, (Abbassa lo sguardo voltandosi verso il centro e gli altri) posso spiegare. (Si china a raccogliere il fazzoletto)

Antonella: (Incurante. A Giacomo) Bravo, volevate circuire anche lei. Meno male che siamo arrivate noi.

Giacomo: (Sempre guardando verso il basso. Molto seccato) Attenta a come parlate, duchessa. (Si sta arrabbiando) Fate attenzione tutte e tre. (Alza lo sguardo verso le donne) Perché prima di parlare, dovreste mettere in funzione quel cervello che avete nel cranio. (Le tre donne si spaventano un po')

Maresciallo: (Capendo la situazione, cerca di arginare) Stia calmo Marchese.

Giacomo: (Verso il Maresciallo) Mi scusi Maresciallo, lei è già stato molto paziente con me oggi, ma non posso permettere che queste donne, mi accusino pubblicamente per una colpa che non ho commesso, facendomi perdere l'unica donna che amo.

Michele: (Si avvicina a Giacomo) Ha ragione il Maresciallo, calmati.

Giacomo: (A Michele) No! (Verso le donne, sempre iroso) Di quale colpa mi sono macchiato? (Comincia a muoversi per il palco, a piacimento) Quella di aver fatto degli apprezzamenti? Dei complimenti? Quella di aver passato dei momenti di dolcezza? Forse vi ho fatto credere che mi interessavate più di quanto non fosse, e me ne scuso. Ma quando vi avrei promesso di convolare a nozze con ognuna di voi? Quando? Chi di voi tre può affermare di avermi sentito dire la parola, matrimonio? Chi, realmente, mi ha sentito pronunciare quelle promesse?

(Verso Rosa) Mi avete sentito forse voi, Rosa, mentre eravate occupata a civettare, per farmi capire di essere libera? (Verso Francesca) O mi avete sentito voi, Francesca, mentre fissavate i mattoni della strada per timidezza. (Verso Antonella) O forse no, forse siete stata voi Antonella a sentire quelle parole, certo, mentre eravate impegnata a convincermi di essere l'unico uomo giusto per voi.

Non posso altresì negare, che forse, con il mio atteggiamento, vi ho in qualche modo, dato a intendere che poteva nascere una relazione, e me ne scuso ancora. Di certo, però, anche voi civettavate!

Quando mi soffermai, a parlare con voi, lo feci perché vi reputai delle belle donne da poter corteggiare, se mi fossi trattenuto un momento in più a riflettere, a guardarvi meglio, probabilmente sarei riuscito a vedere ciò che siete realmente, cioè delle meschine e viziate... e non vi avrei mai rivolto la parola. (Cerca di tranquillizzarsi. Stanco) Adesso, è meglio che me ne vada. (Verso Michele e il Maresciallo. Saluta) Vogliate scusarmi. (Esce a destra)

(Le tre donne restano in disparte, confuse e colpevoli)

Maresciallo: Signorine, non posso negare di essere spiacevolmente sorpreso dal vostro comportamento. Avevo già parlato con il Marchese. Non c'era nessun bisogno di agire così impulsivamente.

Michele: (Al Maresciallo) A questo punto, ci sarebbero gli estremi perché fosse il mio assistito a denunciare le illustri dame qui presenti.

Le donne: (In coro) Come?

Maresciallo: (Volta il capo verso Michele annuendo) Penso proprio di sì caro avvocato.
(Alle donne) Sarà meglio per voi che vi dimentichiate del Marchese e di questa storia. Anzi, dovreste ringraziare l'avvocato se dovesse non procedere contro di voi, premettendo che i nomi delle vostre famiglie non si macchino.

Antonella: (Alle altre due) Sarà meglio andare.

Francesca & Rosa: Sì! (Escono a sinistra, con la coda tra le gambe ma ancora un po' offese senza dire null'altro)

(Il Maresciallo e Michele guadagno il centro del palco)

Michele: (Verso il Maresciallo) Grazie del suo aiuto.

Maresciallo: (Verso Michele) Si figuri. Avrei voluto evitare quella disdicevole scenata. (Mostrando sorpresa) Mi ha sorpreso il Marchese, non pensavo reagisse in quel modo.

Michele: (Come sopra) Per dire la verità, nemmeno io pensavo… varie volte si è trovato conteso fra più donne in loro presenza.

Maresciallo: (Verso il pubblico) A meno che...(Michele lo guarda incuriosito) non sia innamorato.

Michele: (Divertito. Verso il Maresciallo) Giacomo? Innamorato?

Maresciallo: (Verso Michele) Eppure, pensateci bene. La sua reazione è stata... inconsueta... voi stesso ne siete rimasto sorpreso.

Michele: (Verso il Maresciallo, riflettendo) Effettivamente, la vostra ipotesi sembra avere un fondo di verità. (Guarda il Maresciallo che annuisce col capo. Poi verso il pubblico) Povero Giacomo.

Maresciallo: (A Michele) Cercate di restargli vicino, ne avrà bisogno! Era troppo sconvolto. Un amico come voi, in qualche modo, lo può aiutare.

Michele: Sì, lo farò!

Maresciallo: Anche se... quello di cui necessità di più ora, sarebbe la vicinanza della donna che ama.

Michele: Avete ragione.

(Il Maresciallo si avvia verso sinistra per uscire e Michele lo segue)

Scena 13: (Entrano in scena Antonella, Rosa e Francesca. Tra di loro. Offese e inviperite)

Rosa: Avete visto, come ci hanno trattato? Sembravamo noi le colpevoli.

Francesca: Già, da vittime, a carnefici. È inaudito! Ma come si sono permessi?

Antonella: E poi, con quale linguaggio offensivo, il marchese, ha osato rivolgerci la parola, come se il danno lo avessimo procurato noi a lui. Quell'altra ragazza, ci dovrebbe ringraziare, per averla messa in guardia dal lestofante con cui stava per impelagarsi.
Che ci volete fare, la gente è fatta così. Non tutti, sono al nostro livello.

Francesca: È vero! Mi ritengo profondamente offesa.

Rosa: Senza parlare del fatto che, addirittura, ci volevano denunciare. Noi, povere giovani indifese.

Francesca: Con che coraggio?

(Si mettono a civettare facendo le oche)

Antonella: Però, avete visto, quanto è carino quell'avvocato, senza contare la posizione che ha. In fin dei conti, essere corteggiate da lui, non sarebbe cosa sgradevole.

Rosa: Sì, è vero! Ha un certo fascino.

Francesca: E ha anche due cugini al par suo.

Rosa: Davvero?

Francesca: Sì! Un banchiere e un medico. Gente importante.

Antonella: Beh, magari, sarebbe il caso di andare a chiedere qualche consulenza legale all'avvocato Nervi. Che ne dite? Giusto per non incorrere in qualche errore giudiziario come ci è appena capitato.

Rosa: Poi, potremmo farci accompagnare dal cugino medico, per farci prescrivere qualche farmaco che ci aiuti a distendere i nervi, dopo quello che abbiamo passato oggi...

Francesca: In fine, si potrebbe passare dalla banca, dall'altro cugino, e farci dire come possiamo investire i nostri denari.

Antonella: Sì, è una buona idea! Andiamo!

(Le tre donne si avviano, ridendo, verso destra ed escono)

Scena 14:

Sofia: (Entra da sinistra e raggiunge il centro del palco. Piangendo verso il pubblico, con le mani al viso. Arrabbiata. Dopo le prime battute, si comincia a muovere per il palco.) Non posso credere di aver dato credito a un uomo di tal specie. Sono stata una sciocca, una ingenua. Sapevo che tipo è... tutta la città lo sa, e io, come una stupida oca, sono cascata nella sua rete lo stesso. Me lo dovevo aspettare che fosse uno spergiuro. Come ho fatto?

(Evidentemente innamorata. Si ferma. Si volta da un lato all'altro) Però, al sol pensiero di incontrarlo, mi batteva forte il cuore... e non vedevo l'ora di vederlo. Le sue parole sembravano sincere, lo sguardo non lasciava adito a dubbi. (Si dispera nuovamente e ricomincia a muoversi) Invece sarebbe stato meglio se li avessi avuti i dubbi, (Triste) forse, ora, non starei qui a disperarmi. Mi ha tradito, prima ancora di conoscermi. È cosa di difficile fattura... eppure lui, c'è riuscito. Questa volta, non gli servirà fare la sceneggiata come a teatro, facendo finta di togliersi la vita. (Arrabbiata) Non lo voglio vedere più, mai più. Ho già sofferto abbastanza, (Cerca di calmarsi) e non mi so spiegare il perché... che fossi realmente innamorata? Purtroppo, devo arrendermi all'evidenza, perché, altrimenti, non ci sarebbe motivo di sentirsi così. (Riavvicina le mani al viso e piange ancora)

Scena 15:

Giacomo: (Voce fuori campo. Chiama) Sofia! Sofia!

Sofia: (Si volta verso sinistra. Piano) Giacomo! (Corre a nascondersi dietro l'entrata di destra)

Giacomo: (Appena Sofia si è nascosta, entra in scena, in una posizione di poco decentrata a sinistra. Sconsolato. Verso il pubblico) Sofia! L'ho dunque perduta? (Comincia a muoversi per il palco. Sofia si affaccia da dietro l'entrata, ma con il fare di chi vuole restare nascosta) L'unica donna che abbia mai amato, è scappata via. La colpa, è solo mia! Sì, solo mia! Troppe volte ho scherzato con l'amore, e ora, l'amore si è vendicato. Non pensavo che potesse essere così terribile, soffrire per affar suo, e... invece, mi devo ricredere. Ho scherzato con tutte le donne che ho incontrato, alcune si sentivano prese in giro, altre, lo sapevano, e si accontentavano dei miei giuochi. Sofia, è l'unica per cui abbia provato veramente qualcosa, l'unica. Dopo averla incontrata, sembra che tutto sia cambiato, diverso. Sicuramente, non vorrà più vedermi e non posso darle torto, però ho bisogno di lei, del suo viso, dei suoi occhi, delle sue mani. Dopo aver conosciuto Sofia, il ritorno al libertinaggio, è pura utopia. Senza di lei, nulla ha più senso, e per la prima volta, mi sento finito. L'unica cosa che mi resta, (Guarda il polso con il foulard) è questo foulard. (Si ferma sulla sinistra e si porta le mani al viso per la disperazione)

Scena 16:

Sofia: (Esce dalla destra, fermandosi sulla soglia. A Giacomo, con voce dolce e impaurita) Realmente, sono importante per voi?

(Giacomo rialza piano, piano il viso togliendo le mani e voltandosi verso Sofia)

Giacomo: Sofia! Dove eravate? Non vi ho vista. Vi ho tanto cercata.

Sofia: Rispondete alla mia domanda, ve ne prego. Realmente, sono importante per voi?

Giacomo: (Dolce) Siete tutto, tutto quello che di meglio si possa avere dalla vita. Vi conosco da poco, ma per il mio cuore, è come se avessi vissuto sempre con voi.

(Sofia fa qualche passo in avanti verso Giacomo, altrettanto fa Giacomo verso Sofia)

Giacomo: A quelle donne, non ho mai promesso di sposarle. Come uno sciocco, mi sono divertito a sedurle, ma per gioco, no per amore, quello, sin dalla mia nascita, è stato preservato solo e unicamente per voi.

(I due si incontrano al centro del palco, si pongono di profilo al pubblico, tenendosi le mani vicine ai petti e guardandosi negli occhi)

Sofia: (Innamorata) Non c'è bisogno che diciate altro. Forse, sono pazza, ma... vi credo.
Ma quando quelle donne sono arrivate, urlando che le dovevate sposare, mi sono sentita morire.

Giacomo: Vi posso capire... e quello che ho provato quando siete fuggita via, lontano dal mio sguardo e dalle mie mani, ma non lontana dal cuore.

Sofia: Vi amo Giacomo! Vi amo cavaliere dell'amore.

Giacomo: Oh, dolce Sofia, se vorrete il cavaliere dell'amore morrà adesso fra le vostre braccia, o vivrà per sempre, solo per voi.

(Si baciano. Sipario)

Indice

Gli altri libri di Daniele Antonio Battaglia

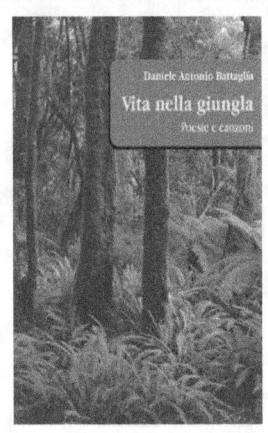

Vita nella Giungla

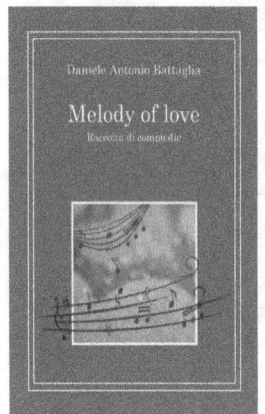

Melody of Love

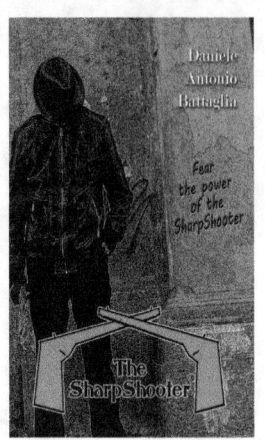

The SharpShooter

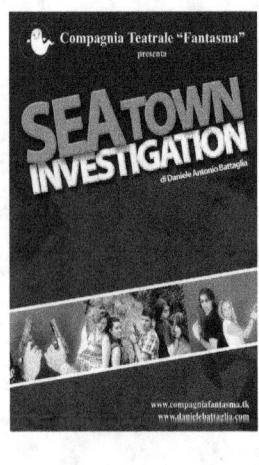

SeaTown Investigation

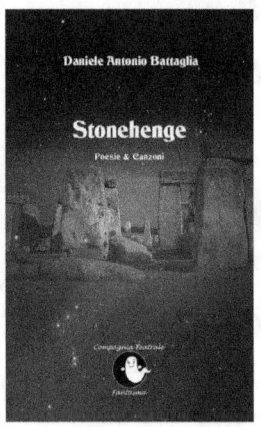

Stonehenge

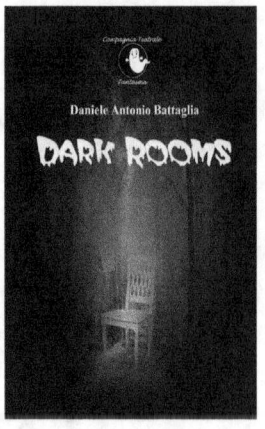

Dark Rooms

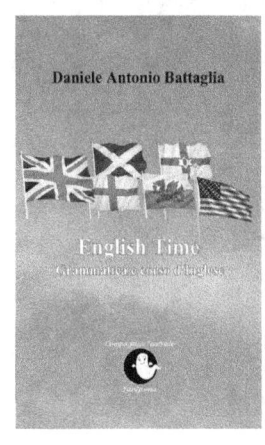	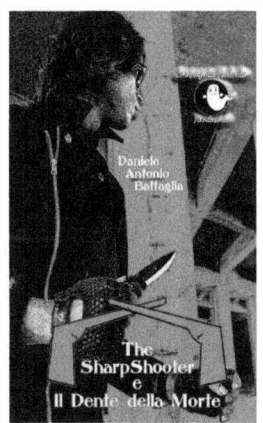	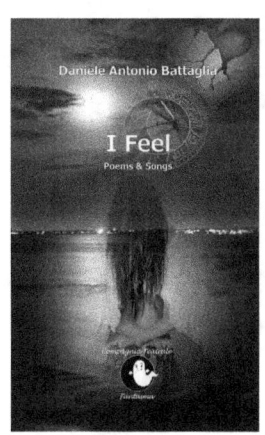
English Time Grammatica e corso di lingua Inglese	The SharpShooter e il Dente della Morte	I Feel
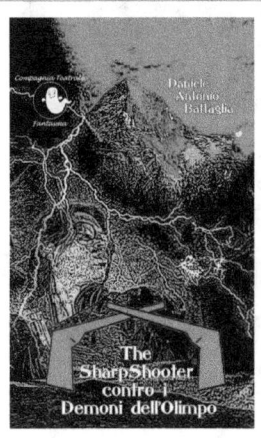	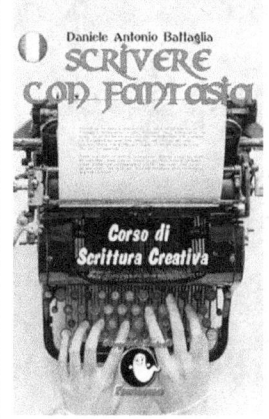	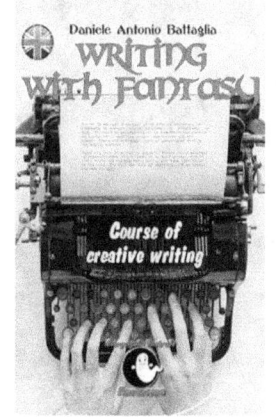
The SharpShooter contor i Demoni dlel'Olimpo	Scrivere con Fantasia Corso di Scrittura Creativa	Writing with Fantasy Course of Creative Writing

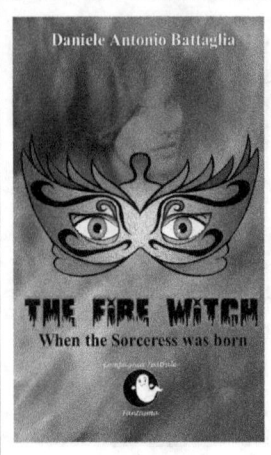	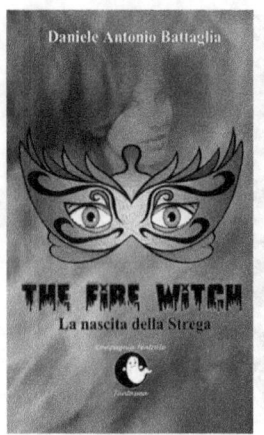	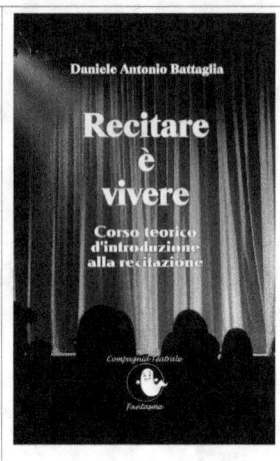
<u>The Fire Witch When the Sorceress was born</u>	<u>The Fire Witch La Nascita della Strega</u>	<u>Recitare è vivereCorso teorico d'introduzione alla recitazione</u>
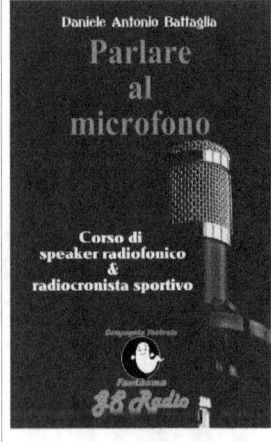		
<u>Parlare al microfono Corso di spekaer radiofonico & radiocronista sportivo</u>	<u>Parlare al microfono come uno speaker Corso di conduzione radiofonica</u>	<u>Parlare al microfonocome un radiocronita Corso di radiocronaca sportiva</u>

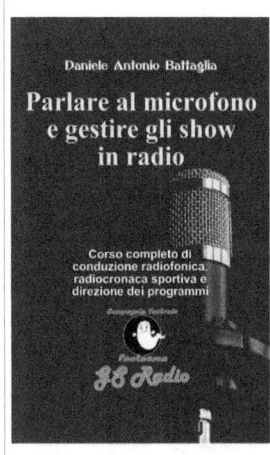	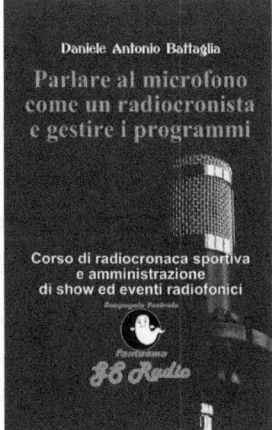	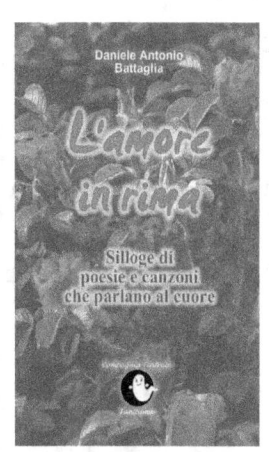
Parlare al microfono e gestire gli show in radio	Parlare al microfono come un radiocronista e gestire i programmi	L'amore in rima
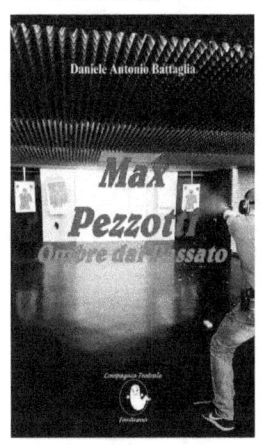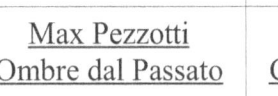	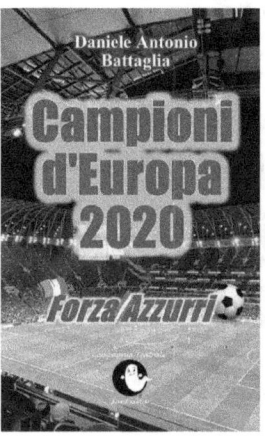	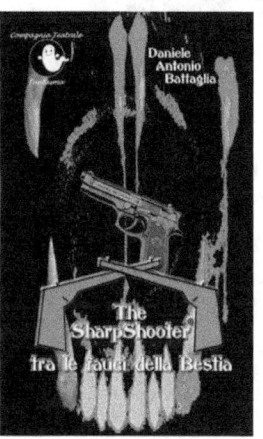
Max Pezzotti Ombre dal Passato	Forza Azzurri Campioni d'Europa 2020	The SharpShooter tra le fauci della bestia

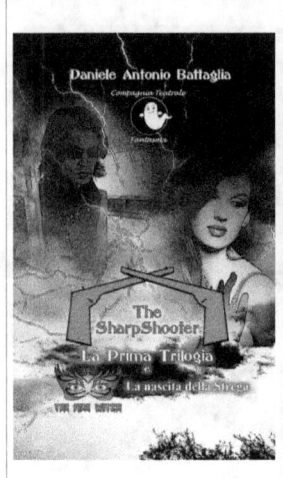	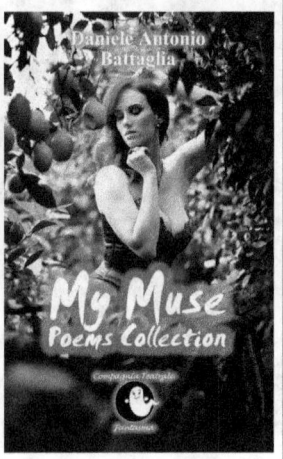	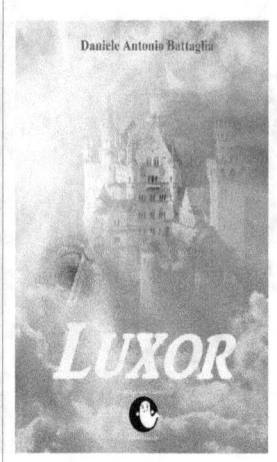
The SharpShooter La Prima Trilogia	My Muse	Luxor
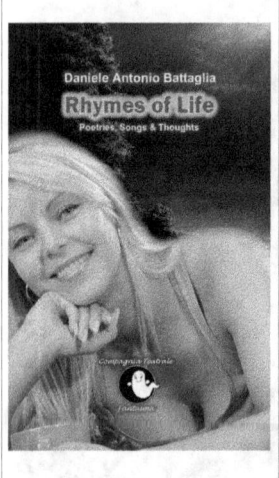	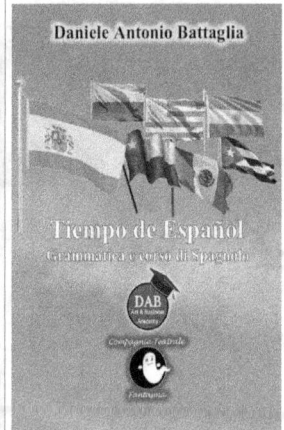	
Rhymes of Life	Tiempo de Español Grammatica e corso di lingua Spagnola